Inhaltsverzeichnis

BVK LW33 • Bungardt / Hinrichs / Sanders / Torres: Lernwerkstatt „Zwergenalarm“

Vorbemerkungen

Der Zwergenalarm – drei wahldifferenzierte Lernangebote

Unter einer Lernwerkstatt verstehen wir ein offenes, themengebundenes Lernangebot. Das vielfältige Angebot von Lernsituationen und Lernmaterialien bietet Raum für Einzel-, Partner- und Gruppenarbeit. Neben den themengebundenen Zielen gilt es, die Schüler zur Selbststeuerung ihres Lernens innerhalb einer Sozialgemeinschaft zu befähigen. Die Schüler können selbstständig entscheiden, wann sie welches Lernangebot bearbeiten. Sie werden zu Initiative und aktiver Selbstständigkeit herausgefordert, da sie unabhängig arbeiten und sich selbst kontrollieren. Obwohl es sich hier um eine fertige Lernwerkstatt handelt, möchten wir Sie motivieren, Ihre Kinder an der Planung der Werkstatt zu beteiligen und die vielfältigen Ideen der Kinder mit aufzugreifen. Dies gilt jedoch noch nicht für die Anfängerwerkstatt (s. 1. Werkstatt im Heft). Die Kinder werden erst mit der Zeit in der Lage sein, als Hochform dieser Methode selbstständig ein wahldifferenziertes Lernangebot für andere und sich selbst zu planen und zu erstellen.

Organisation der Lernwerkstatt

Die Kinder arbeiten selbstständig innerhalb verschiedener Sozialformen an dem Lernangebot. Die Lernangebote liegen in beschrifteten Ablagekästen bereit. Die jeweilige Aufgabenstellung befindet sich auf einer Auftragskarte innerhalb der Ablagekästen. Zusätzlich stehen sie auf einem Werkstattplakat, auf dem noch einmal alle Aufgaben zusammengefasst sind. Des Weiteren erhält jedes Kind seinen eigenen Werkstattplan. Da die Kinder während dieser Werkstätten erste Erfahrungen mit dem Plan machen, ist es ratsam, ihn auf den Tischen zu befestigen. Das Kind trägt auf diesem Plan schon bearbeitete Aufgaben ein. So liefert der Plan der Lehrerin und den Schülern eine Kontrolle über die individuell geleistete Arbeit. Die Werkstattpläne der Seiten 11, 41, 54 können für beide Zwecke verwendet werden und sollten für die Klasse in DIN A2 bis DIN A3, für die Schüler in DIN A5 oder kleiner kopiert werden.

Die Lernangebote sind so gewählt, dass sie Aufgaben aus allen thematischen Schwerpunkten enthalten. Des Weiteren ist die Werkstatt durch die Offenheit der Arbeitsweise bestimmt und kann nach Interesse und Individualität bearbeitet bzw. auch ergänzt werden. So lernt das Kind schon sehr früh, seinen Lernprozess selbstständig zu planen und zu gestalten. Die Differenzierung ist durch das mannigfaltige Angebot gegeben, welches mit seiner Vielfalt die verschiedenen Fähigkeiten der Kinder berücksichtigt. Die Aufgaben sind so konzipiert, dass sie verschiedene Schwierigkeitsstufen aufweisen. Die Lernaufgaben können mit einem Partner oder in der Gruppe bearbeitet werden, so hat jedes Kind die Möglichkeit, seine Vorerfahrungen einzubringen und schwächere Schüler können von den kindgemäßen Erklärungsweisen stärkerer Schüler profitieren. Die optimale Sozialform ist zwar jeweils vorgegeben, aber situationsbedingt durchaus abänderbar. Durch die individuelle Arbeit an den verschiedenen Lernangeboten ergibt sich ein sehr selbstständiges und vom Lehrer unabhängiges Lernen. Dem Lehrer ist es dadurch möglich, bei individuellen Problemen einzelner Kinder Hilfestellung zu leisten. Weiterhin sollte es zu fast allen Aufgaben ein oder zwei Kinder geben, die als Experten eingesetzt werden und anderen Kindern bei Fragen Hilfestellung leisten bzw. Aufgaben erklären und kontrollieren. J. Reichen, der diesen Werkstattgedanken geprägt hat, bezeichnet diese Kinder als Chefs. An diese Kompetenz sollten die Kinder jedoch nach und nach herangeführt werden. So bietet es sich gerade während dieser Werkstätten an, die Expertenaufgabe auf das Erklären und Helfen zu begrenzen, da die Kinder ansonsten überfordert wären.
Während der Werkstattarbeit sollten auch immer gemeinsame Gespräche im Plenum stattfinden. In diesen Gesprächen tauschen sich die Kinder über die verschiedenen Lernangebote aus, besprechen neue Aufgabenstellungen, diskutieren über Probleme und finden Lösungen, stellen den anderen bereits fertige Arbeiten vor etc.

Vorbemerkungen

Wichtige Regeln für den Umgang mit einer Lernwerkstatt

- Der Schüler wählt die Aufgaben unabhängig von der Reihenfolge frei aus.
- Begonnene Arbeiten müssen zu Ende geführt werden.
- Materialien und Auftragskarten müssen wieder in die dazugehörigen Ablagekästen gebracht werden.
- Während der Partner- und Gruppenarbeit wird geflüstert.
- Der Arbeitsplatz ist frei wählbar.
- Alle Arbeiten sollten (zu diesem Zeitpunkt) von den LehrerInnen, später auch von dem Experten oder in Selbstkontrolle überprüft und auf dem Werkstattplan, der sich auf dem Tisch befindet, abgehakt werden.

Lernwerkstatt: Zwergenalarm – drei Werkstätten für den Schulanfang

Unter der Lernwerkstatt Zwergenalarm haben wir drei Lernwerkstätten für Schulanfänger zusammengefasst, die im ersten Vierteljahr mit den SchülerInnen erarbeitet werden können. In allen drei Werkstätten wird den Kindern der Inhalt einerseits über Symbole und Zeichen, andererseits aber auch über kleine Sätze vermittelt. So bekommen sie einen ersten Zugang dafür, dass sich Arbeitsaufträge über Schriftsprache verdeutlichen lassen. Zudem können einige Kinder bereits lesen, wenn sie in die Schule kommen. Für sie bieten die kleinen Arbeitsaufträge eine zusätzliche Motivation.
Ziel dieser Einsteigerwerkstätten ist es, die Schulanfänger kontinuierlich an die Methode „Werkstatt", ihre Symbole und Arbeitsweisen, aber auch an Sozialformen (Partner- und Gruppenarbeit sowie Plenumsgespräche) und Regeln heranzuführen.

So werden gerade in der Anfängerwerkstatt **„Meine erste Lernwerkstatt"** einfache Grundkenntnisse (Basteln mit Schere, Wahrnehmung ...) behandelt, um die Lernstände der Kinder zu erkennen und gegebenenfalls zu erweitern. Weiterhin werden hier überwiegend Techniken und einfache Vorkenntnisse der Kinder abgetastet, vermittelt und vertieft.

Die Lernwerkstatt **„Mein Ich-Buch"** beinhaltet schwerpunktmäßig die Auseinandersetzung mit der Thematik „Ich und Du". Hier können die Schüler bereits mit Hilfe einer Anlauttabelle erste Wörter schreiben oder ihre Ideen malerisch umsetzen.
Die Lehrerin / der Lehrer hat die Möglichkeit, entweder den Werkstattplan (S. 41) zu zerschneiden, um so kleine Auftragskarten mit einfachen Aussagen zu bekommen oder sie / er setzt bereits die ausführlichen Auftragskarten (ab S. 42) ein. Dies sollte sie / er je nach Lesefähigkeit der Kinder entscheiden. Natürlich können sich in den Ablagekästen auch beide Möglichkeiten an den jeweiligen Lernangeboten befinden.

Die **„Herbstwerkstatt"**, die dritte Werkstatt, dagegen wurde so konzipiert, dass die Lehrerin die Möglichkeit hat, entweder nur die kleinen Arbeitsaufträge oder auch schon die Arbeitskarten zusätzlich einzusetzen. Die Kinder, die bereits ihre Lesefähigkeiten weiter ausgebildet haben, können anhand dieser Karten Schriftsprache entdecken, Gelesenes verstehen und anderen mitteilen. Allen Kindern können diese Karten auch als Vorbereitung auf den Einsatz von Arbeitskarten in weiteren Werkstätten dienen. Zusätzlich unterstützen Symbole, Zeichen und Bilder. Immer sollte die Lehrerin / der Lehrer die einzelnen Aufgaben deutlich und ausführlich im Plenum einführen.

Tipps zum Einstieg

Tipps zum Einstieg in die drei Werkstätten des Zwergenalarms

Lernwerkstatt: Meine erste Lernwerkstatt

- Im Vorfeld bietet sich ein Gespräch über die Methode der Lernwerkstatt an. Den Kindern wird die Arbeitsweise genau erklärt.
- Weiterhin sollten die Kinder nun die Zeit bekommen, in der Werkstatt zu stöbern und Fragen zu sammeln.
- Die Fragen, die entstanden sind, werden nun wiederum im Plenumsgespräch geklärt, ebenso wie die Symbole, die sich auf dem Werkstattplan und den Auftragskarten befinden.
- Es hat sich als sinnvoll erwiesen, zunächst nur eine kleine Anzahl von Aufgaben **(max. 8)** anzugeben, um den Kindern für ihr erstes Herangehen einen guten Überblick zu ermöglichen. So bleiben auch für das erste Abschlussgespräch Fragen zur Methode und Arbeitsweise überschaubarer. Später können auch die anderen Aufgaben geöffnet werden. Die Aufgaben, die zunächst gesperrt sind, sollte der Lehrer mit einem Stern kennzeichnen.

Tipp: Positive Erfahrungen haben wir zum Einstieg in die Methode „Lernwerkstatt" gemacht, wenn ältere Lernwerkstattexperten (Kinder eines dritten oder vierten Schuljahres) den Kindern des ersten Schuljahres die Methode erklären. Innerhalb der drei Werkstätten sollten immer wieder Gespräche über die Methode geführt werden.

Benötigte Materialien:
Die Materialien und deren Handhabung werden ausführlich in dem Kapitel „Anmerkungen für die Lehrerin / den Lehrer" beschrieben.

Lernwerkstatt: Mein Ich-Buch

- Im Vorfeld sollten die Kinder in einem Gespräch die Möglichkeit bekommen, sich den anderen über ihre Person mitzuteilen. Hier können sich die Kinder über ihre Familie, Hobbys, Freunde, Tiere ... austauschen.
- Die Lernaufgaben, die die Kinder beendet haben, sollten in einem Hefter oder einer Mappe gesammelt werden, da so die Kontrolle und die Bindung des Buches für die LehrerInnen wesentlich erleichtert wird.
- Die Methoden und Regeln sollten während des Arbeitens und der Fragerunden vertieft werden.

Benötigte Materialien:

- In dieser Werkstatt sollte die Lehrerin auf einem Tisch unterschiedliche Stifte und Farben bereitstellen, um die Arbeitsweise mit einem Materialtisch einführen zu können.
- Spiralbindung, dickere Pappe für den Buchumschlag, Mappen in Klassenstärke
- Es müssen alle „Buchseiten" in Klassenstärke kopiert werden.
- Anlauttabelle
- Fotos
- Tierkarten, Tierkataloge

Tipps zum Einstieg

Lernwerkstatt: Herbst

- Im Vorfeld bietet sich zunächst ein Unterrichtsgang in die Natur an, von dem die Kinder vielfältige Herbstmaterialien mitbringen können.
- Die mitgebrachten Materialien werden auf dem Materialtisch gesammelt und können auch im Laufe der Werkstatt immer wieder ergänzt werden.
- Die Kinder können hier (neben dem Materialtisch) auch schon erste Erfahrungen mit einem thematischen Büchertisch machen.
- Gespräche über den Herbst und die herbstlichen Aktivitäten der Kinder schließen sich an, können aber auch schon im Vorfeld stattgefunden haben.
- Nach den ersten Kontakten mit dem Herbst und den ersten Gesprächen kann man nun in dieser Werkstatt die Kinder das erste Mal an der Planung der Werkstatt beteiligen. Mit Hilfe der Fragen „Was wollt ihr gerne in der Herbstwerkstatt machen?", „Was wollt ihr über den Herbst wissen?" sammeln die Kinder vielfältige Ideen und Fragen zum Thema.
  (So ist auch diese Lernwerkstatt „Herbst" in Anlehnung an die Ideen und Fragen der Kinder eines ersten Schuljahres entstanden.)
- Auch hier ist es immer wieder wichtig, Gespräche im Plenum über Fragen und Entdeckungen zur Methode und zum Thema zu führen.

Benötigte Materialien:

- Herbstbücher für den Büchertisch (Büchereien stellen diese gerne zusammen)
- kleine Pappstreifen als Wortkarten
- Knete (kann man auch selbst machen, siehe Rezept)
- buntes Faltpapier für den Drachen
- große gepresste Blätter für die Herbstgeschichte
- gepresste Blätter für das Baumbuch
- Kastanien, Eicheln, Bucheckern u. Ä. für die Rechenecke
- 2–3 Fühlsäcke mit herbstlichen Dingen
- schwarze Pappe für einen großen Baum
- weißes, unliniertes DIN A5- oder DIN A4-Papier
- Draht
- Wasser- und Plakafarbe, Wachsmalstifte, Klebstoff
- Anlauttabelle
- Druckkasten

Da sich diese Lernwerkstatt sehr über das Handeln vollzieht, werden die zusätzlich benötigten Materialien in Bezug auf die einzelnen Lernangebote noch näher erläutert (s. S. 9–10).

Wir wünschen Ihnen und Ihren Schülerinnen und Schülern viel Spaß und viel Erfolg bei der Durchführung der Werkstätten des Zwergenalarms.

Anmerkungen für die Lehrerin / den Lehrer

Lernwerkstatt: Meine erste Lernwerkstatt

Diese Lernwerkstatt ist in vier Bereiche unterteilt: Wahrnehmung, Sprache, Mathematik und Kunst. Diese sind mit vier verschiedenen Symbolen gekennzeichnet. Zur besseren Orientierung der Schüler hat es sich bewährt, den einzelnen Bereichen feste Farben zuzuordnen. So sollten Sie die Auftragskarten auf entsprechend farbiges Papier kopieren. Zusätzlich markieren sich die Schüler die Rahmen auf ihrer Arbeitskarte in den gleichen Farben.

Wahrnehmung & Motorik

Lernangebot 1: Fühlkiste

Wählen Sie kleine Gegenstände aus, die Sie in eine Fühlkiste legen können (z. B.: Radiergummi, Würfel, Anspitzer ...). Zeichnen Sie nun diese Gegenstände auf Karten. Die Kinder arbeiten zu zweit. Abwechselnd zeigt ein Kind eine der Karten, das andere Kind muss den passenden Gegenstand in der Fühlkiste finden und herausholen.

Lernangebot 3: Höre genau

Für dieses Lernangebot benötigen Sie leere, undurchsichtige Filmdosen. Füllen Sie diese mit verschiedenen Dingen (z. B. Reis, kleine Steine ...) und je zwei Dosen gleich. Bekleben Sie den Unterboden der Dosen mit kleinen Schildern und nummerieren Sie diese, entsprechend der Anzahl ihrer gewählten Paare, durch.
Durch das Schütteln der Dosen kann das Kind die Paare einander richtig zuordnen. Die Selbstkontrolle erfolgt durch die Zahlen auf dem Boden der Dosen.

Lernangebot 4: Triff genau

Sie benötigen zehn Bierdeckel, die Sie mit einer deckenden Farbe bunt anmalen. Wieder gehören je zwei zusammen und sind in einer Farbe angemalt. Die ersten fünf Bierdeckel werden vom Kind auf den Boden geworfen. Anschließend muss es mit den restlichen Bierdeckeln die anderen möglichst genau treffen. Dabei muss Farbe auf Farbe liegen. Jeder gelungene Wurf zählt einen Punkt. Danach spielt der Partner.

Sprache

Lernangebot 1: Reimwörter finden

Diese Aufgabe schult das Gehör. Die Kinder sollen die passenden Reimwörter finden und einander zuordnen. Je nach Leistungsstand haben Sie hier die Möglichkeit der Bild-Bild-Zuordnung oder der Bild-Wort-Zuordnung. (Die Kärtchen müssen ausgeschnitten werden.)

Lernangebot 2: Wörter schreiben

Kopieren und zerschneiden Sie die Bildkarten aus dem Lernangebot 1 mehrfach. Die Kinder wählen aus diesen Karten drei bis vier aus und beschriften diese. Anschließend werden die Karten auf ein Plakat geklebt. So wächst während der Werkstatt eine kleine Gemeinschaftsarbeit.

Lernangebot 3: Wörter stempeln

Für diese Aufgabe benötigen Sie einen Stempelkasten. Die Kinder sollten vor dem Stempeln die Wörter aufschreiben und überlegen, ob sie alle Buchstaben gefunden haben.

BVK LW33 • Bungardt / Hinrichs / Sanders / Torres: Lernwerkstatt „Zwergenalarm"

Anmerkungen für die Lehrerin / den Lehrer

Lernangebot 4: Zwergenhopser

Der Spielplan von Seite 25 muss vor Gebrauch auf DIN A3 vergrößert werden. Anschließend kann er von den Kindern farbig angemalt werden.
Weiterhin bietet es sich an, Spielkarten und Spielplan zu laminieren, damit diese länger halten.

Mathematik

Lernangebot 1: Domino

Neben den allgemein bekannten Spielregeln enthält dieses Domino eine Selbstkontrolle. So ist es egal, auf welchem Feld das Kind beginnt. Hat es alles richtig gelegt, passt der letzte „Stein" automatisch zu dem ersten. Da zwei Sätze Spielsteine zur Verfügung stehen, bietet es sich an, je einen Spielplan und einen Satz Spielsteine in der gleichen Farbe zu kopieren.

Lernangebot 2: Zahlen tasten

Zur einfachen und schnellen Erstellung der Tastkarten eignen sich besonders gut selbstklebende Filzplättchen, welche normalerweise für Stuhlbeine verwendet werden (Größe ungefähr 1-2 cm Durchmesser). Neben den Tastkarten muss den Kindern eine Augenbinde zur Verfügung gestellt werden.

Lernangebot 3: Mengen ordnen

Kopieren Sie die Zahlenkarten von 1a–20. Stellen Sie zu jeder Zahlenkarte eine entsprechende Menge an Gegenständen oder wahlweise verschiedenfarbigen Plättchen, Steinen o. Ä. bereit. Die Kinder ordnen die einzelnen Mengen und legen die passenden Zahlenkarten hinzu. Zur Kontrolle bietet es sich an, auf die Rückseite der Zahlenkarten Abbildungen der Gegenstände bzw. die Farben zu malen.

Lernangebot 4: Nachbarzahlen

Es werden hierbei wiederum die Zahlenkarten von 1–20 benötigt. Damit die Karten über einen längeren Zeitraum genutzt werden können, laminieren Sie diese. Ansonsten besteht auch die Möglichkeit, feste Zahlenkarten aus Pappkarton herzustellen.
Je zwei Kinder arbeiten zusammen. Ein Kind legt eine Zahlenkarte und der Partner fügt die Nachbarzahlen hinzu. Die Kinder sollten dies mehrmals im Wechsel durchführen.

Kunst

Lernangebot 1: Gestalte deinen Buchstaben

Wenn es der Platz in der Klasse erlaubt, richten Sie einen Tisch ein, an dem diese Aufgabe durchgeführt werden kann. Die Kinder sollen ihren Lieblingsbuchstaben gestalten. Dazu legen Sie Pappen in DIN A5-Größe und verschiedene Materialien, mit denen gebastelt werden kann, bereit. Die Schüler sollten unbedingt den Buchstaben mit dem Bleistift vorzeichnen, damit sie ein Gefühl für die Größe erhalten. Danach wird der Buchstabe ausgeschnitten und gestaltet.

Folgende Materialien können verwendet werden:
Seidenpapier, Krepppapier, Buntpapier, Zeitung, Zeitschriften, Stoffreste, Wolle, Tapetenreste, Moosgummi, Korken und Farbe zum Stempeln, Knete, Kleber, Scheren.

Anmerkungen für die Lehrerin/den Lehrer

Lernangebot 2: Daumendruck
Es ist sinnvoll, diese Aufgabe mit den Kindern im Sitzkreis einzuführen.
Mögliche Motive: Mäuse auf einer Wiese, Fische im Wasser
Hier wird ein erster Zugang zum Farbkasten ermöglicht. Die Kinder sollten nur auf einem DIN-A4-Papier arbeiten. Es ist für den Anfang groß genug. Das Papier wird mit einem Schwämmchen angefeuchtet. (Wir haben bei uns in der Klasse für diesen Zweck Schwammtücher zerschnitten.) Dann wird mit dem Schwamm Farbe aufgetragen, grün für die Wiese oder blau für das Wasser. Wenn die Farbe getrocknet ist, werden die Mäuse oder Fische mit Fingerdruck hinzugefügt. Nach einer weiteren Trocknung zeichnen die Kinder den Mäusen mit einem Bleistift Augen, Ohren, Beine, Schwanz und eine Schnauze oder den Fischen Augen und Flossen.

Lernangebot 3: Schmetterling falten
Kopieren Sie die Faltanleitung. Legen Sie rechteckige Faltpapiere (etwa DIN A5-Größe) und Blumendraht für die Fühler (möglich, aber teurer, sind auch Pfeifenputzer) bereit. Die Kinder sollen mit Hilfe der Anleitung die Schmetterlinge anfertigen. Man kann zusätzlich einen Wollfaden am fertigen Schmetterling verknoten und ihn dann an einem Ast oder den Fenstern befestigen.

Lernangebot 4: Fangbecher
Für diese Aufgabe müssen Sie die Faltanleitung kopieren. Diesmal werden jedoch quadratische Faltblätter (Größe 14 cm x 14 cm) bereitgelegt, für jeden Fangbecher zwei. Ferner benötigen Sie Holzperlen (Durchmesser ungefähr 1 cm), einen dünnen Faden und eine Nadel. Die Kinder arbeiten nach der Anleitung. Wenn der Fangbecher fertig ist, kann die Geschicklichkeit erprobt werden, indem das Kind versucht, die Perle mit dem Becher einzufangen.

Lernwerkstatt: Mein Ich-Buch

Auf der Titelseite des Buches malen sich die Kinder als Ganzkörperfigur und schreiben ihren Namen dazu. Es hat sich bewährt, mit der Gestaltung der Titelseite zu beginnen. Da die Kinder hierfür unterschiedlich viel Zeit benötigen, kann man so einen gleichzeitigen „Ansturm" auf die Lernwerkstatt verhindern.

Benötigte Materialien: siehe Vorbemerkungen (Seite 4)

Lernangebot 1: Das bin ich
Dieses Lernangebot umfasst drei Buchseiten. Auf der ersten Seite des Buches malen die Kinder ein Porträt von sich. Hier kann man ihnen einen Spiegel an die Hand geben.
Auf die beiden folgenden Seiten geben die Kinder ihren Finger- und Handabdruck sowie ihren Fußabdruck. Die Kinder sollten die Möglichkeit bekommen, entweder ihre Hand bzw. ihren Fuß mit Farbe anzupinseln und zu drucken oder aber mit einem Bleistift zu umfahren.

Lernangebot 5: Das sind meine Freunde
Hier macht es den Kindern besonders Spaß, von ihren Freunden und Freundinnen Unterschriften zu sammeln.

Anmerkungen für die Lehrerin / den Lehrer

Lernwerkstatt: Herbst

Die Arbeitsweise wird auf den jeweiligen Auftragskarten genauestens erläutert. Diese dienen auch den Lehrerinnen und Lehrern als Information. Daher wird an dieser Stelle explizit auf die praktische Ausführung und das Material verwiesen.

Herbsttisch: Die Kinder und die Lehrerin / der Lehrer richten gemeinsam den Herbsttisch ein. Hierzu können die Herbstgegenstände dienen, die auf dem Unterrichtsgang gesammelt oder von zu Hause mitgebracht wurden. Weitere Materialien werden auf Seite 5 näher erläutert.

Lernangebot 1: Ich bastle mit Blättern
Für dieses Lernangebot sollen im Vorfeld verschiedene Blätter getrocknet werden.

Lernangebot 2: Wir singen und spielen zum Herbst
Die Kinder sollten das Lied im Klassenverband kennen lernen und gemeinsam singen. Spielvariationen sind pantomimisch aber auch mit Hilfe von Blätterrascheln und Orff-Instrumenten (hier: Xylophon oder Metallophon, Handtrommeln, Rasseln) in der Kleingruppe zu erarbeiten.

Lernangebot 3: Mein Baumbuch
Die Kinder gestalten ihr eigenes Baumbuch, indem sie passende Blätter und Früchte einander zuordnen. Sie können dabei durchpausen, drucken, kleben, malen und schreiben. Die einzelnen Seiten werden mit Hilfe einer Spiralbindung oder eines Heftstreifens zu einem Buch gebunden. Auch für dieses Lernangebot benötigen die Kinder Blätter (weißes, unliniertes DIN-A5- und DIN-A4-Papier).

Lernangebot 4: Meine Herbstwörter
Die Gegenstände des Herbsttisches bieten sich zur Lautierung an. Die Kinder oder die Lehrerin / der Lehrer können kleine Karten beschriften und diese den Gegenständen auf dem Tisch zuordnen. Das benötigte Schmuckblatt finden Sie auf S. 68.

Lernangebot 5: Meine Herbstgeschichte
Für dieses Lernangebot brauchen die Kinder möglichst große getrocknete Blätter. Die Kinder können die Blätter mit ihrer Herbstgeschichte an einen „Herbstbaum" kleben, der von der Lehrerin / dem Lehrer aus schwarzer Pappe gestaltet und an die Wand geklebt werden muss. Am Ende ergibt sich so ein dekoratives Wandbild mit den Geschichten der Kinder.

Lernangebot 6: Wir knobeln
Das Herbstspiel gibt es in zwei Schwierigkeitsstufen. Bei der ersten Schwierigkeitsstufe wird jeweils in einer Reihe eine Frucht oder ein Blatt vorgegeben, bei der zweiten Schwierigkeitsstufe gibt es dagegen keine Hilfe. Die Kontrollkarte muss um 180° gedreht werden.

Material:
- 1 Spielfeld 5 x 5 Kästchen (s. S. 63–64)
- 25 Spielkarten (fünf Karten zu jeder Herbstfrucht, S. 65)

Anmerkungen für die Lehrerin / den Lehrer

Spielregeln:
Die Kinder müssen die Früchte und Blätter so auf das Spielfeld legen, dass jeweils nur eine gleiche Frucht / ein Blatt senkrecht, waagerecht bzw. diagonal in einer Reihe vorkommt. Dieses Knobelspiel kann entweder alleine, besser jedoch zu zweit gespielt werden, da vier Augen mehr sehen als zwei. Die Kinder können ihre Lösung von der Lehrerin / dem Lehrer kontrollieren lassen oder mit Hilfe der Lösungskarten selbst überprüfen. Der Ausschneidebogen dient den Kindern gleichzeitig als Lösungskarte. Es bietet sich an, dass die Lehrerin den Ausschneidebogen 4- bis 6-mal laminiert und zerschneidet. Ebenso sollten die beiden Spielkarten 2- bis 3-mal kopiert werden. Die Kinder können so die kleinen Kärtchen hin und her schieben, bis sie die richtige Lösung haben.

Lernangebot 7: Fühlsack
Material: Gegenstände vom Herbsttisch

Lernangebot 8: Drachen falten
Hier benötigen die Kinder Tonpapier, Transparentpapier und einen Faden. Die Faltanleitung sollte die Lehrerin / der Lehrer einer Gruppe von Kindern zeigen, damit diese wiederum als Experten den anderen Kindern das Lernangebot erklären können. Das Transparentpapier wird von der Lehrerin / dem Lehrer vorbereitet.

Lernangebot 9: Rechenecke
Material: Karteikarten und zählbare Herbstdinge (Kastanien, Eicheln ...)

Lernangebot 10: Herbstdinge kneten
Kneteähnlicher Modellierteig
Die „Knete" kann auch von der Lehrerin / dem Lehrer nach folgendem Rezept selbst hergestellt werden.
Sie brauchen: eine Tasse Natron, eine Tasse Stärkemehl, eine Tasse warmes Wasser, Kochtopf, Herd
Anleitung: Mischen Sie das Natron und das Stärkemehl in einem Kochtopf. Geben Sie das Wasser hinzu und rühren Sie die Masse glatt. Danach bei mittlerer Hitze kochen und so lange rühren, bis eine püree-ähnliche Masse entsteht. Danach lassen Sie den Teig abkühlen. Anschließend können die Kinder kneten. Der Teig kann auch mit Lebensmittelfarbe gefärbt werden.
Die fertigen Gegenstände lassen Sie einfach auf Zeitungspapier trocknen, bis sie hart sind.

Die Kinder kneten Herbstdinge nach ihrer Wahl. Der Herbsttisch kann ihnen zur Anregung dienen.

Lernangebot 11: Mein Igelbuch
Natürlich können die Kinder zu diesem Zeitpunkt die Geschichte noch nicht allein erlesen. Sie sollten sich deshalb die Zeit nehmen, im Stuhlkreis vergrößerte Textabschnitte vorzulesen und die Textkarten an der Tafel aufzuhängen. So erschließen die Kinder nebenbei die Aufgabenstellung aus der Werkstatt, nämlich aus den Textteilen ein Buch zu gestalten. Der Inhalt der Geschichte sollte in jedem Fall besprochen werden. Da die Kinder den Kennenlernprozess innerhalb der Klasse gerade erfahren haben, wird ihnen schnell deutlich, welche Rolle der eigene Name in zwischenmenschlichen Beziehungen spielt. Sicherlich werden sie gern bereit sein, dem Igel zu helfen. Sie schneiden die Textkarte aus, kleben sie auf ein weißes DIN-A4-Blatt und malen passende Bilder dazu. Zum Schluss werden die Blätter in der richtigen Reihenfolge zusammengeheftet. Wem diese Aufgabenstellung zu komplex erscheint, der kann sie selbstverständlich auch getrennt vom Werkstattunterricht bearbeiten lassen.

Werkstattplan: Meine erste Lernwerkstatt

Name: ______________________

1	2	3	4

1	2	3	4

1	2	3	4

1	2	3	4

BVK LW33 • Bungardt / Hinrichs / Sanders / Torres: Lernwerkstatt „Zwergenalarm"

Werkstattplan: Meine erste Lernwerkstatt

Name: ______________________

1	2	3	4

1	2	3	4

1	2	3	4

1	2	3	4

1 

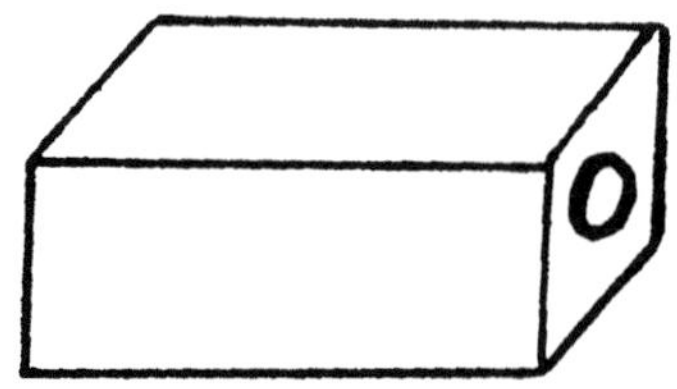

Fühlkiste

BVK LW33 · Bungardt / Hinrichs / Sanders / Torres: Lernwerkstatt „Zwergenalarm“

2 

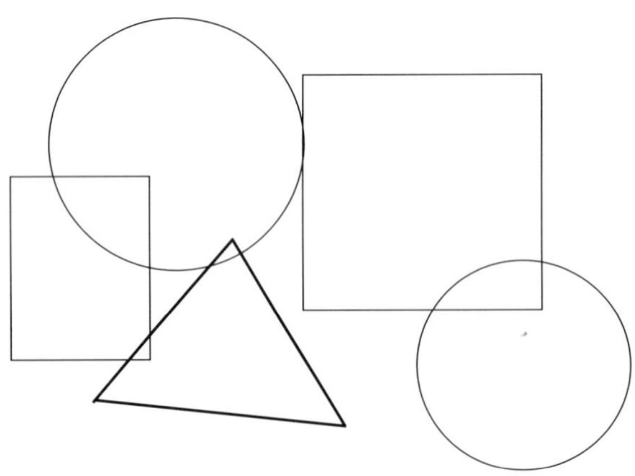

Ein Bild - viele Formen

3 

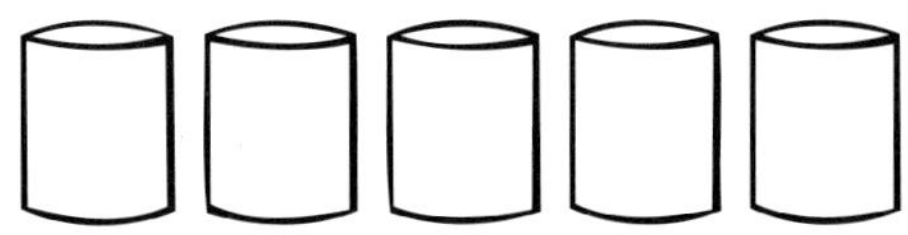

Höre genau

4 

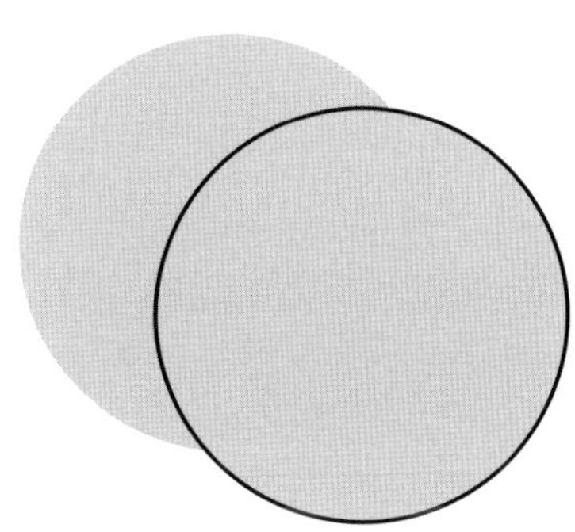

Triff genau

1 

Reimwörter finden

BVK LW33 • Bungardt / Hinrichs / Sanders / Torres: Lernwerkstatt „Zwergenalarm"

2 

Gabel

Wörter schreiben

3 

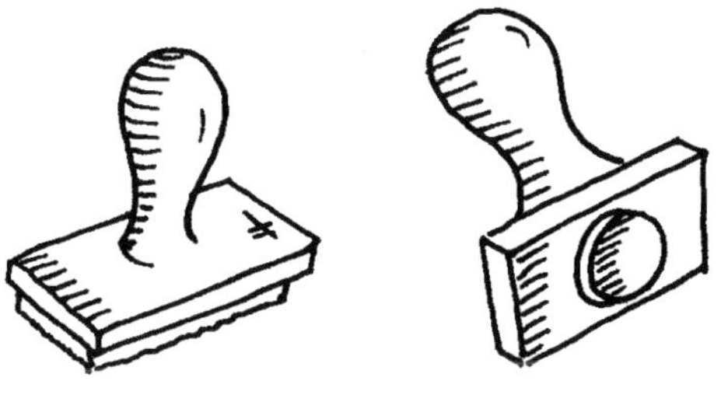

Wörter stempeln

BVK LW33 · Bungardt / Hinrichs / Sanders / Torres: Lernwerkstatt „Zwergenalarm"

4 

Zwergenhopser

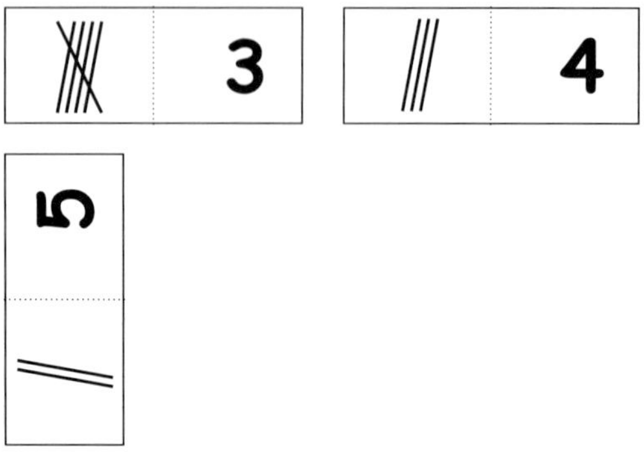

Domino

2

3

4

5

1

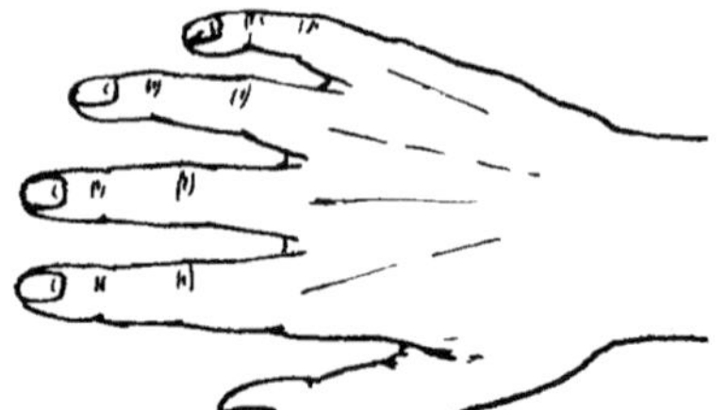

Zahlen tasten

BVK LW33 · Bungardt / Hinrichs / Sanders / Torres: Lernwerkstatt „Zwergenalarm"

7

Mengen ordnen

BVK LW33 · Bungardt / Hinrichs / Sanders / Torres: Lernwerkstatt „Zwergenalarm"

3 4 5

Nachbarzahlen

1 

A

Gestalte deinen Buchstaben

2 

Daumendruck

3 

Schmetterling falten

4 

Fangbecher

Ein Bild – viele Formen

2

Kreis	Rechteck	Dreieck

Reimwörter finden

1

Zahn	Hahn	Bett	Brett
Topf	Knopf	Tasche	Flasche
Schüssel	Schlüssel	Pfütze	Mütze
Gitter	Gewitter	Stock	Rock
Teller	Keller	Rauch	Bauch
Vase	Nase	Rose	Hose

Reimwörter finden

1/2

BVK LW33 · Bungardt / Hinrichs / Sanders / Torres: Lernwerkstatt „Zwergenalarm"

Wörter stempeln

3

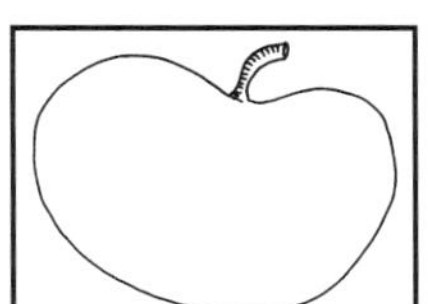

Zwergenhopser

(Spielanleitung für den Lehrer)

4 

Es werden benötigt:
- 2 bis 4 Spieler
- pro Spieler eine Spielfigur
- ein Würfel
- ein Stift und Papier

Spielregeln:

- Der beginnende Spieler würfelt einmal und zieht seine Spielfigur der gewürfelten Anzahl entsprechend.
- Auf jedem Spielfeld befindet sich ein Symbol:   
- Der Spieler zieht eine der Karten mit dem jeweiligen Symbol.

Ausnahme: Bei den  -Karten muss einer der Mitspieler die Karte ziehen.

Tipp: Zur Hervorhebung sollten diese Karten farbig angemalt werden.

Es gibt folgende Aufgabenbereiche:

 Es muss zu dem Bild das richtige Wort aufgeschrieben werden.
Tipp: Das unten stehende Lösungswort muss vom Mitspieler zugehalten werden. Es dient zur Kontrolle!

 Das abgebildete Wort muss erlesen werden.

- Wurde eine Aufgabe richtig gelöst, darf der jeweilige Spieler 1 Feld vor.
- Wurde eine Aufgabe falsch gemacht, muss der Spieler 1 Feld zurück.
- Danach darf der nächste Spieler würfeln.

 Der Spieler darf der abgebildeten Zahl entsprechend viele Schritte weitergehen.

- Gewonnen hat der Spieler, welcher zuerst das Ziel erreicht!

BVK LW33 · Bungardt / Hinrichs / Sanders / Torres: Lernwerkstatt „Zwergenalarm"

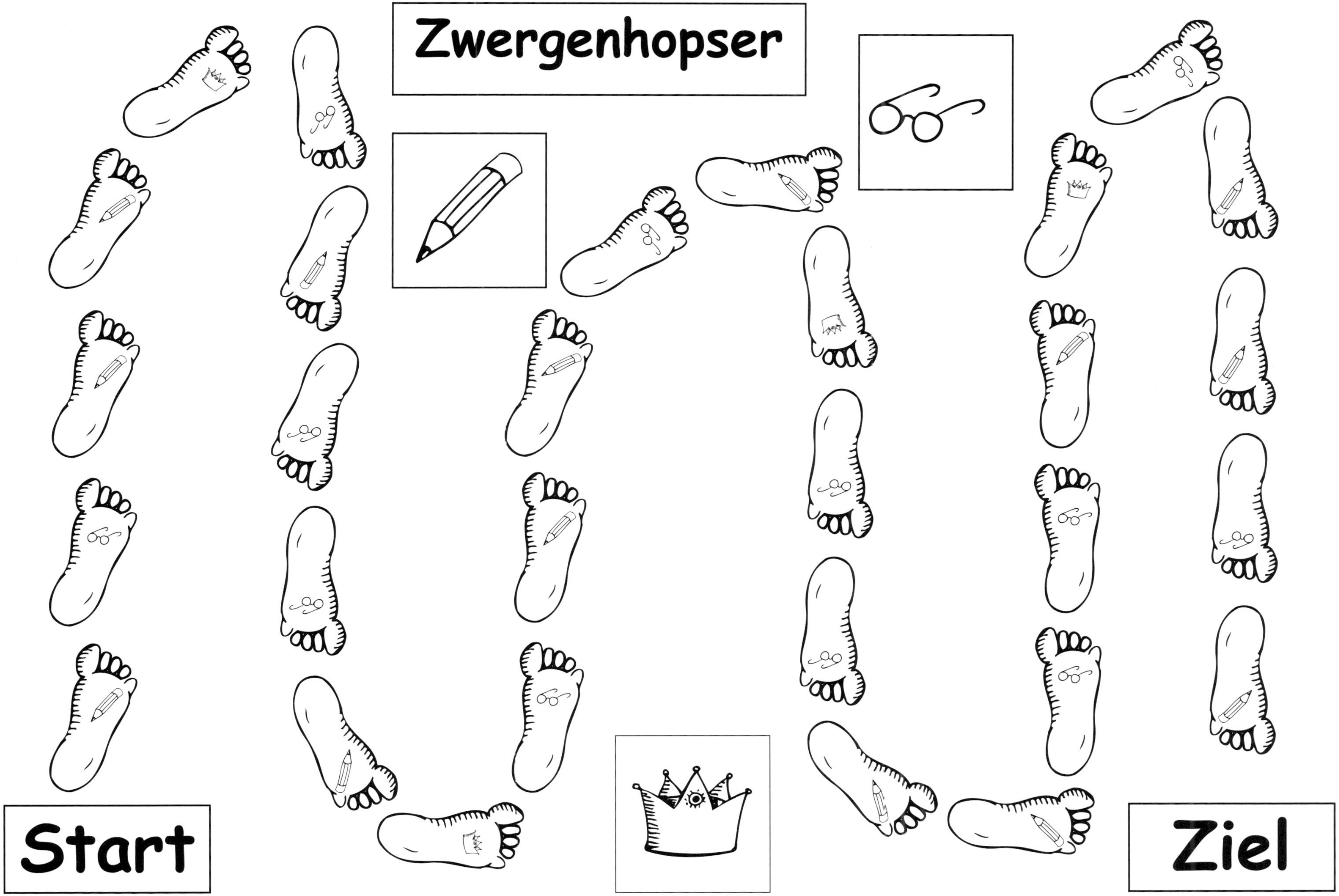
Zwergenhopser
Start
Ziel

Zwergenhopser

(Vorderseiten der Symbolkarte „Stift")

4 

Apfel

Birne

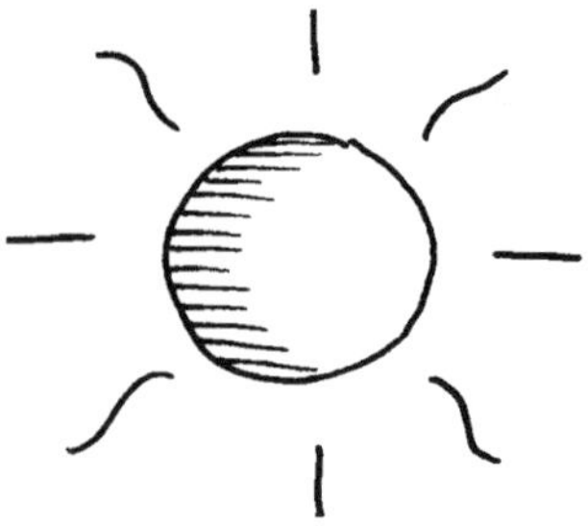

Sonne

Wolke

Vogel

Ball

Brille

Nase

Finger

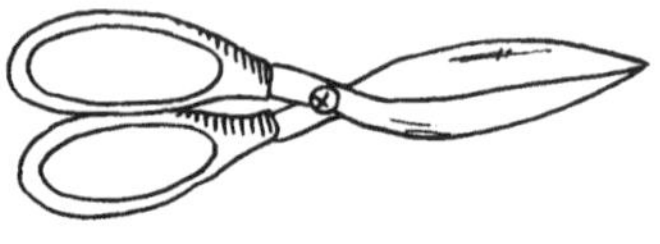

Schere

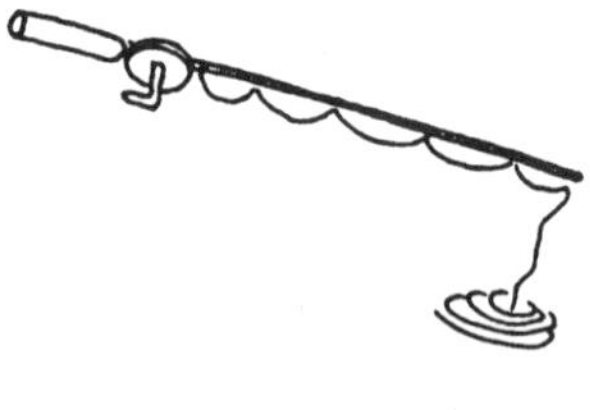

Angel

Auge

BVK LW33 • Bungardt / Hinrichs / Sanders / Torres: Lernwerkstatt „Zwergenalarm"

Zwergenhopser

(Vorderseiten der Symbolkarte „Stift")

4 

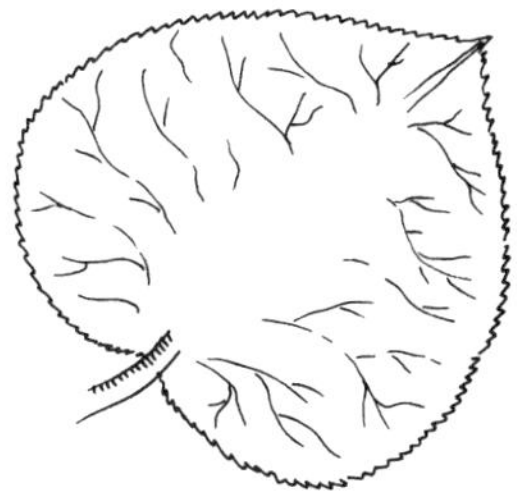

Blatt

Dose

Blume

Bonbon

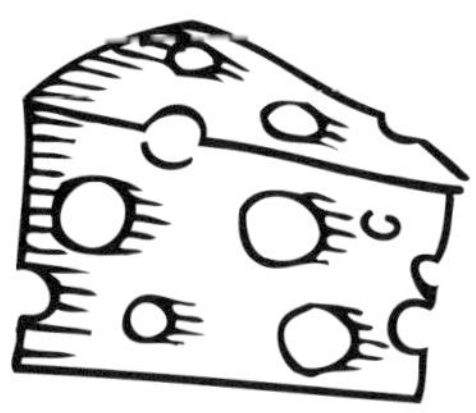

Käse

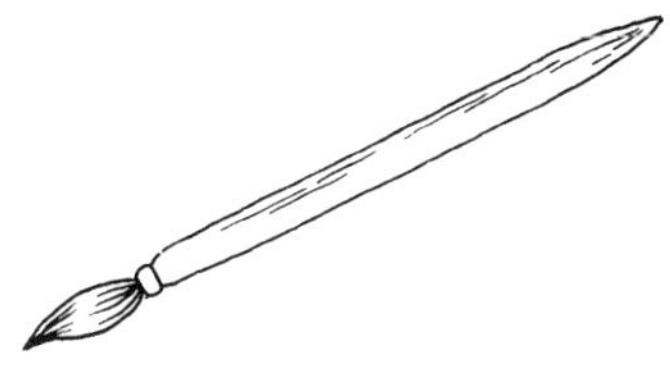

Pinsel

Ohr

Computer

Buch

Tafel

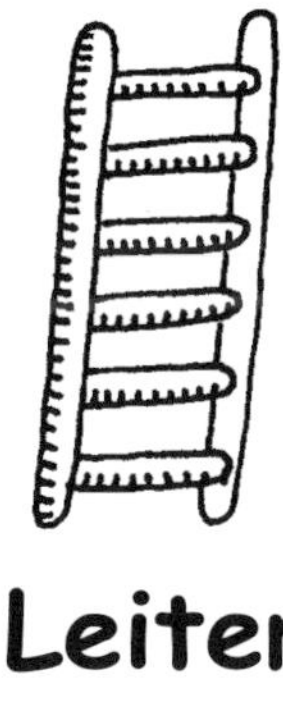

Leiter

Ente

BVK LW33 · Bungardt / Hinrichs / Sanders / Torres: Lernwerkstatt „Zwergenalarm"

Zwergenhopser

(Vorderseiten der Symbolkarte „Stift")

4 

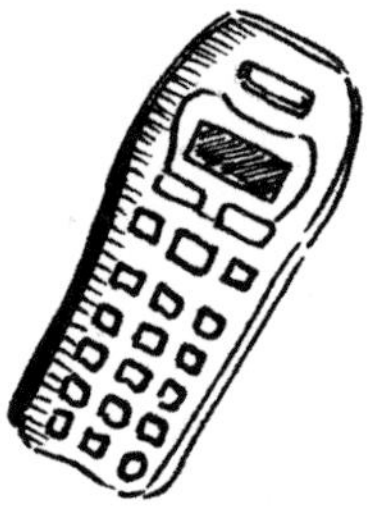
Telefon

Spiegel

Igel

Ampel

Haus

Finger

Schuh

Auto

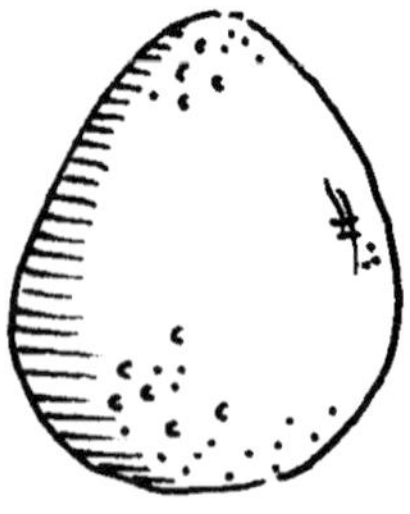
Ei

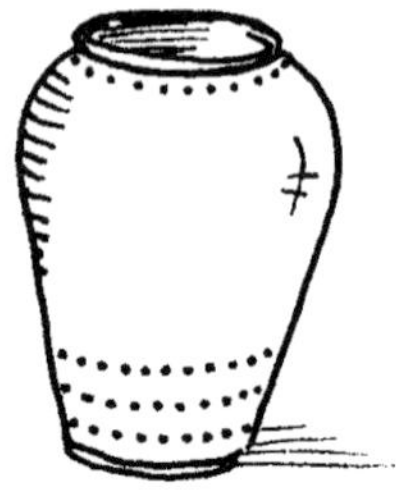
Vase

Banane

Nuss

BVK LW33 · Bungardt / Hinrichs / Sanders / Torres: Lernwerkstatt „Zwergenalarm"

Zwergenhopser

(Vorderseiten der Symbolkarte „Stift")

4 

Maus

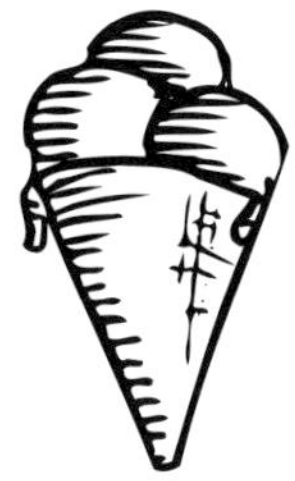

Eis

Eule

Gabel

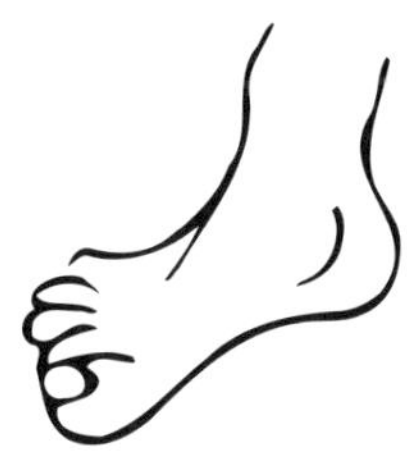

Fuß

Topf

Zwergenhopser

(Rückseiten der Symbolkarte „Stift")

4 

BVK LW33 • Bungardt / Hinrichs / Sanders / Torres: Lernwerkstatt „Zwergenalarm"

Zwergenhopser

(Vorderseiten der Symbolkarte „Krone“)

4

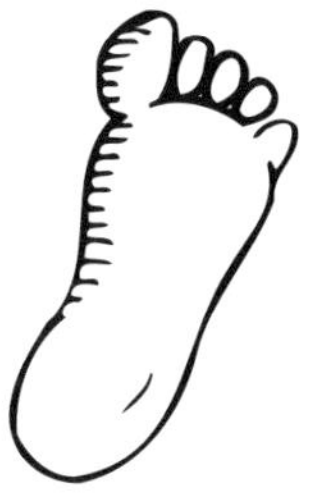

1

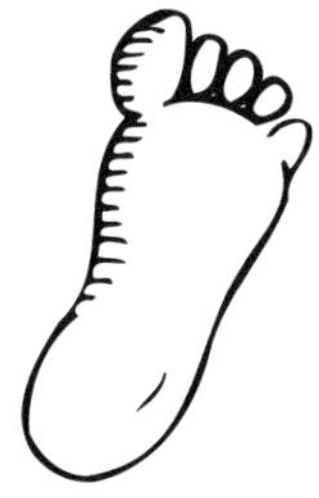

1

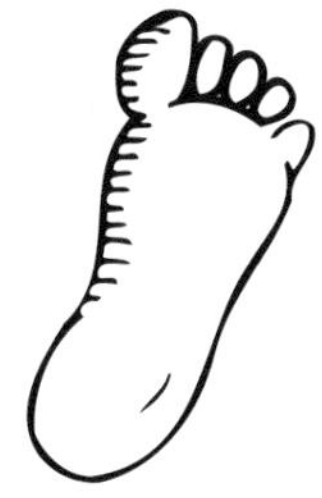

1

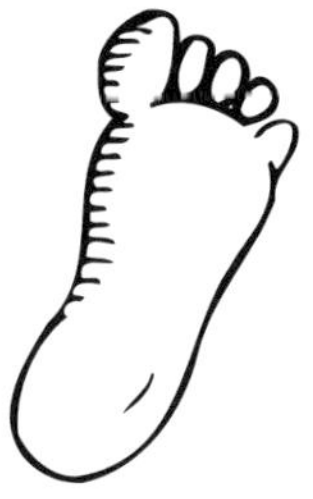

2

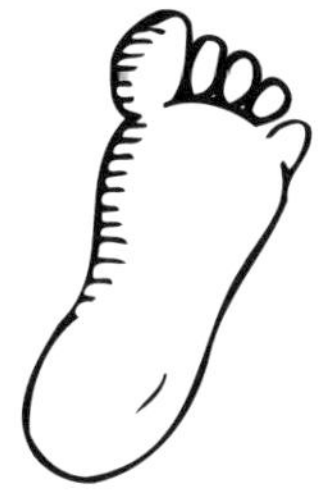

2

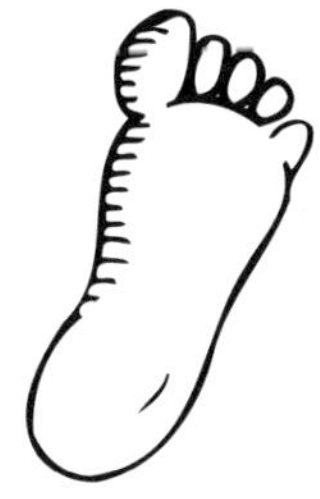

2

3

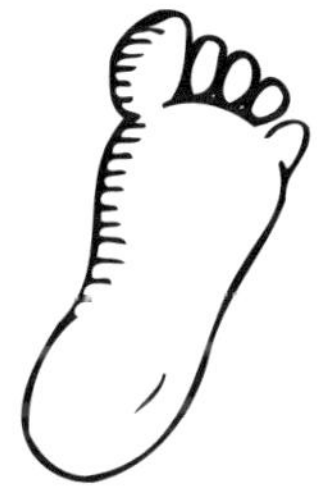

3

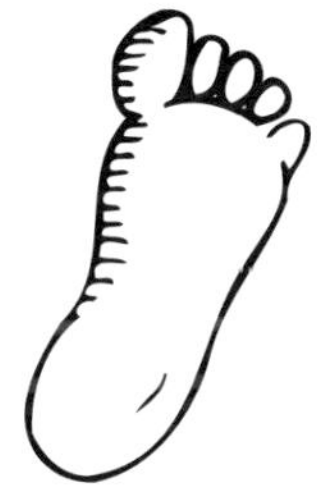

3

4

4

4

BVK LW33 · Bungardt / Hinrichs / Sanders / Torres: Lernwerkstatt „Zwergenalarm“

Zwergenhopser

(Vorderseiten der Symbolkarte „Brille“)

4

Affe	Apfel	Ball
Blume	Buch	Computer
Daumen	Drachen	Doktor
Ente	Elefant	Feuer

BVK LW33 · Bungardt / Hinrichs / Sanders / Torres: Lernwerkstatt „Zwergenalarm“

Zwergenhopser

(Vorderseiten der Symbolkarte „Brille“)

4

Fisch	Glocke	Gras
Herz	Hupe	Gespenst
Insel	Junge	Kuh
Katze	Luftballon	Leiter

BVK LW33 • Bungardt / Hinrichs / Sanders / Torres: Lernwerkstatt „Zwergenalarm“

Zwergenhopser

(Vorderseiten der Symbolkarte „Brille“)

4 

Muschel	Mund	Nase
Name	Ohr	Oma
Polizei	Pulli	Quark
Regenschirm	Roboter	Sonne

Zwergenhopser

(Vorderseiten der Symbolkarte „Brille“)

4

Suppe	Tisch	Ufo
Vogel	Wurst	Zauberer

Domino

1

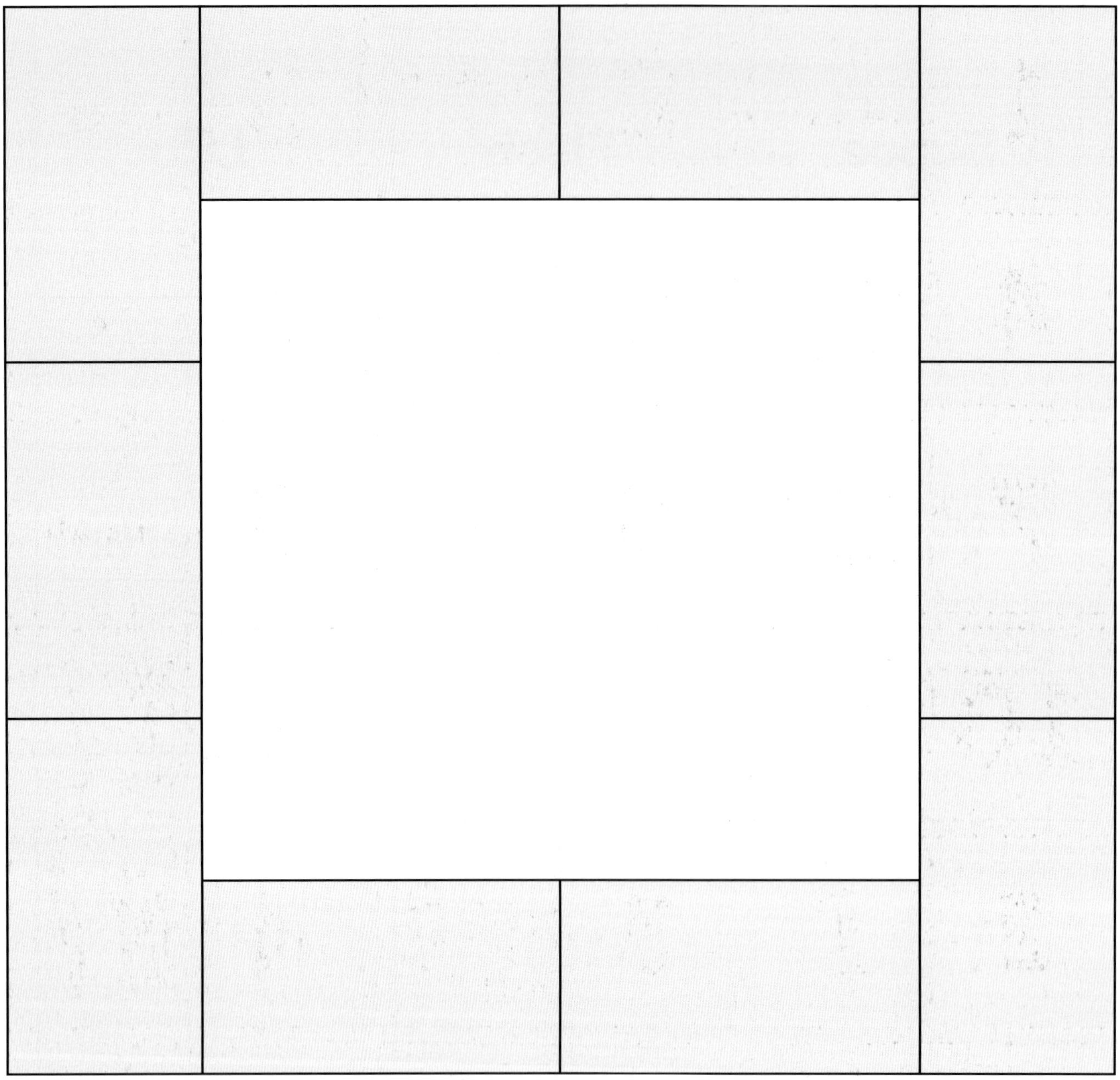

BVK LW33 · Bungardt / Hinrichs / Sanders / Torres: Lernwerkstatt „Zwergenalarm“

Zwei Sätze Spielsteine zum Domino

1 

1	●●●	2	●●●●● ●●	3	●●●●●
4	●●●●● ●●●●●	5	●●●●● ●●●	6	●
7	●●●●● ●●●●	8	●●	9	●●●●
10	●●●●● ●			1	𝍸 |
2	|||	3	𝍸 |||	4	𝍸 ||
5	𝍸 𝍸	6	||	7	𝍸
8	||||	9	|	10	𝍸 ||||

BVK LW33 · Bungardt / Hinrichs / Sanders / Torres: Lernwerkstatt „Zwergenalarm"

Mengen ordnen

3/4

1	2	3	4
5	6	7	8
9	10	11	12
13	14	15	16
17	18	19	20

BVK LW33 · Bungardt / Hinrichs / Sanders / Torres: Lernwerkstatt „Zwergenalarm"

Schmetterling falten

3 

1.

2.

3.

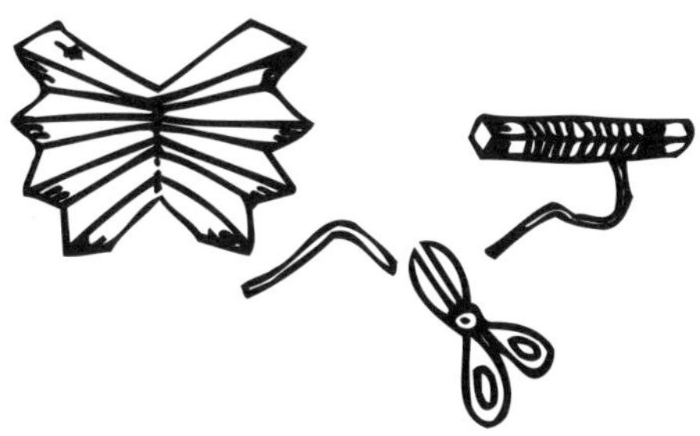

4.

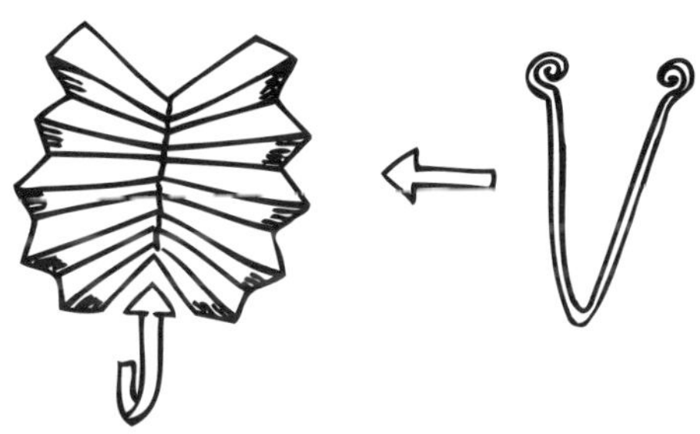

5.

BVK LW33 · Bungardt / Hinrichs / Sanders / Torres: Lernwerkstatt „Zwergenalarm“

Fangbecher-Faltanleitung

4

1.

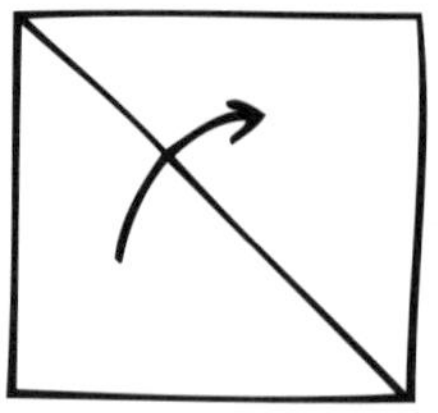

2.

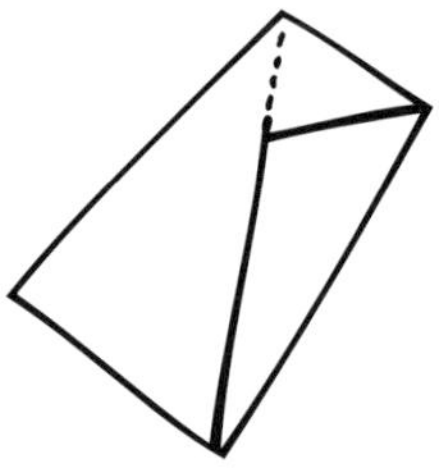

3.

4.

Werkstattplan: Mein Ich-Buch

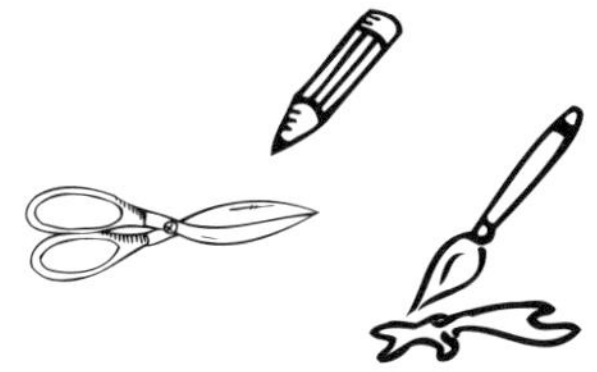

Name: ______________________

	Das bin ich	
	Meine Hand	
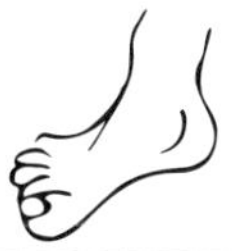	Mein Fuß	
	Das ist meine Familie	
	Das sind meine Freunde	
	Damit spiele ich gerne	
	So wohne ich	
	Das ist mein Lieblingstier	
	Das esse ich gerne	
	Das mag ich nicht	
	Das mag ich	

BVK LW33 · Bungardt / Hinrichs / Sanders / Torres: Lernwerkstatt „Zwergenalarm"

Das bin ich

BVK LW33 · Bungardt / Hinrichs / Sanders / Torres: Lernwerkstatt „Zwergenalarm“

Meine Hand

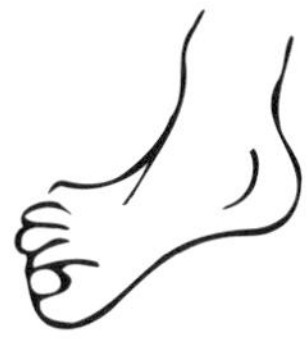

Mein Fuß

Stelle deinen Fuß auf das Papier.
Ein anderes Kind kann ihn mit
einem farbigen Stift umfahren.

Das ist meine Familie

Klebe Fotos von deiner Familie auf.
Du kannst sie auch malen.

Schreibe alle Namen dazu.

BVK LW33 • Bungardt / Hinrichs / Sanders / Torres: Lernwerkstatt „Zwergenalarm"

Das sind meine Freunde

Male deine Freunde.
Sammle ihre Namen.

Damit spiele ich gerne

Male und beschreibe dein Lieblingsspiel.

Spiele es mit deinem Freund oder deiner Freundin.

So wohne ich

Klebe ein Foto von eurem Haus auf.

Du kannst auch dein Zimmer malen.

BVK LW33 • Bungardt / Hinrichs / Sanders / Torres: Lernwerkstatt „Zwergenalarm"

Das ist mein Lieblingstier

Klebe Bilder von deinem Lieblingstier auf.

Schreibe seinen Namen dazu.

Das esse ich gerne

Male und beschreibe dein Lieblingsessen.

Klebe das Rezept dazu.

BVK LW33 • Bungardt / Hinrichs / Sanders / Torres: Lernwerkstatt „Zwergenalarm"

Das mag ich nicht

Gibt es Dinge, die du nicht magst?
Male und schreibe sie auf.

Das mag ich

Male und schreibe Dinge auf, die du gerne magst.

Das bin ich

Mein Ich-Buch

Mein Fuß

Meine Hand

Das sind meine Freunde

Das ist meine Familie

So wohne ich

Damit spiele ich gerne

Das esse ich gerne

Das ist mein Lieblingstier

Das mag ich

Das mag ich nicht

Werkstattplan: Der Herbst

Name: ______________________________

Werkbereich

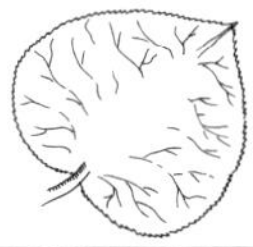	Ich bastle mit Blättern	
	Wir singen und spielen zum Herbst	
	Mein Baumbuch	
	Meine Herbstwörter	
	Meine Herbstgeschichte	
	Wir knobeln	
	Fühlsack	
	Drachen falten	
	Rechenschnecke	
	Herbstdinge kneten	
	Mein Igelbuch	

BVK LW33 • Bungardt / Hinrichs / Sanders / Torres: Lernwerkstatt „Zwergenalarm“

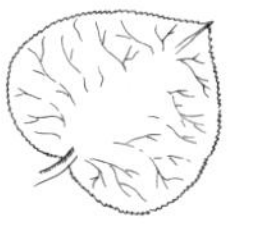

Ich bastle mit Blättern

Klebe ein Bild aus Blättern.

Bastle aus Blättern und Früchten eine Herbstgirlande.
Du brauchst dazu einen Draht.

Tipp: Schaue auf dem Herbsttisch nach.

BVK LW33 · Bungardt / Hinrichs / Sanders / Torres: Lernwerkstatt „Zwergenalarm"

Wir singen und spielen zum Herbst

Singt das Herbstlied und spielt dazu.

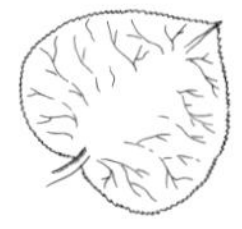

Mein Baumbuch

Ordne die Blätter und Früchte einander zu.
Finde heraus, zu welchem Baum sie gehören.

Du kannst durchpausen, drucken, kleben, malen und schreiben.

Tipp: Wenn du Hilfe brauchst, schaue auf dem Herbsttisch nach.

BVK LW33 • Bungardt / Hinrichs / Sanders / Torres: Lernwerkstatt „Zwergenalarm"

Meine Herbstwörter

Sammle deine eigenen Herbstwörter.

Schreibe oder stemple sie auf das Schmuckblatt.

Tipp: Denke an deine Buchstabentabelle.

BVK LW33 • Bungardt / Hinrichs / Sanders / Torres: Lernwerkstatt „Zwergenalarm"

Meine Herbstgeschichte

Suche dir ein Bild aus.

Schreibe deine Geschichte.

Klebe sie auf ein getrocknetes Blatt.
Klebe dein Blatt an den „Herbstbaum“.

Wir knobeln

Prüft eure Geduld und spielt das Herbstspiel.

Achtung: Es gibt zwei Spielpläne, einen schweren und einen leichten.

BVK LW33 • Bungardt / Hinrichs / Sanders / Torres: Lernwerkstatt „Zwergenalarm“

Fühlsack

Im Fühlsack findet ihr ____ herbstliche Dinge.
Arbeite mit einem Partner.
Ein Kind fühlt und rät mit geschlossenen Augen.
Der Partner hilft und kontrolliert.
Wechselt euch ab.

Drachen falten

Nimm einen Bogen Faltpapier und eine Anleitung.

Lies genau und falte deinen Drachen für unser Fenster.

Rechenecke

In der Rechenecke findest du Kastanien, Blätter und Eicheln.
Lege Rechenaufgaben (+ oder -) und löse sie.
Male und schreibe sie nun auf eine Karteikarte.

Schreibe die Lösung auf die Rückseite.
So können andere Kinder mit den Karten üben.

BVK LW33 · Bungardt / Hinrichs / Sanders / Torres: Lernwerkstatt „Zwergenalarm"

Herbstdinge kneten

Knete etwas, das zum Thema „Herbst" passt.
Die Wortkarten helfen dir.

Schreibe eine eigene Wortkarte für deinen Gegenstand.

Mein Igelbuch

 Gestalte dein Igelbuch.

 Schneide die Lesekarten aus.

 Klebe je 1 auf ein leeres Blatt.

 Lies genau und male dazu.

Hefte dann alle Seiten in der richtigen Reihenfolge zusammen.

BVK LW33 • Bungardt / Hinrichs / Sanders / Torres: Lernwerkstatt „Zwergenalarm"

BVK LW33 • Bungardt / Hinrichs / Sanders / Torres: Lernwerkstatt „Zwergenalarm"

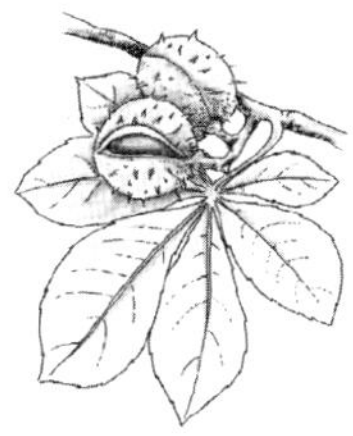

Komm doch nach Kastanien!

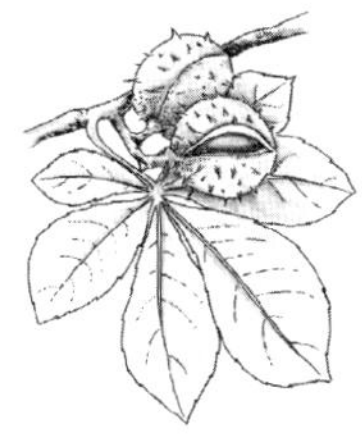

Aber Vorsicht! Kann natürlich wehtun!

Refr.: Komm doch nach Kastanien ...

2. Und stachelige Kugeln
liegen dort beim Stamm.
Und sicher wirst du jubeln,
kommst du ans Innre dran. Aber Vorsicht! Kann natürlich wehtun!

Refr.: Komm doch nach Kastanien ...

3. Und hat er starke Äste
und davon noch zuhauf,
dann sammle deine Kräfte
und kletter' mal hinauf. Aber Vorsicht! Kann natürlich wehtun!

Refr.: Komm doch nach Kastanien ...

4. Bevor die Blätter schwinden,
starte den Versuch,
das schönste Blatt zu finden.
Und press' es in ein'm Buch. Aber Vorsicht! Kann natürlich wehtun!

Refr.: Komm doch nach Kastanien ...

BVK LW33 • Bungardt / Hinrichs / Sanders / Torres: Lernwerkstatt „Zwergenalarm"

Meine Herbstgeschichte

Herbstspiel / Spiel 1

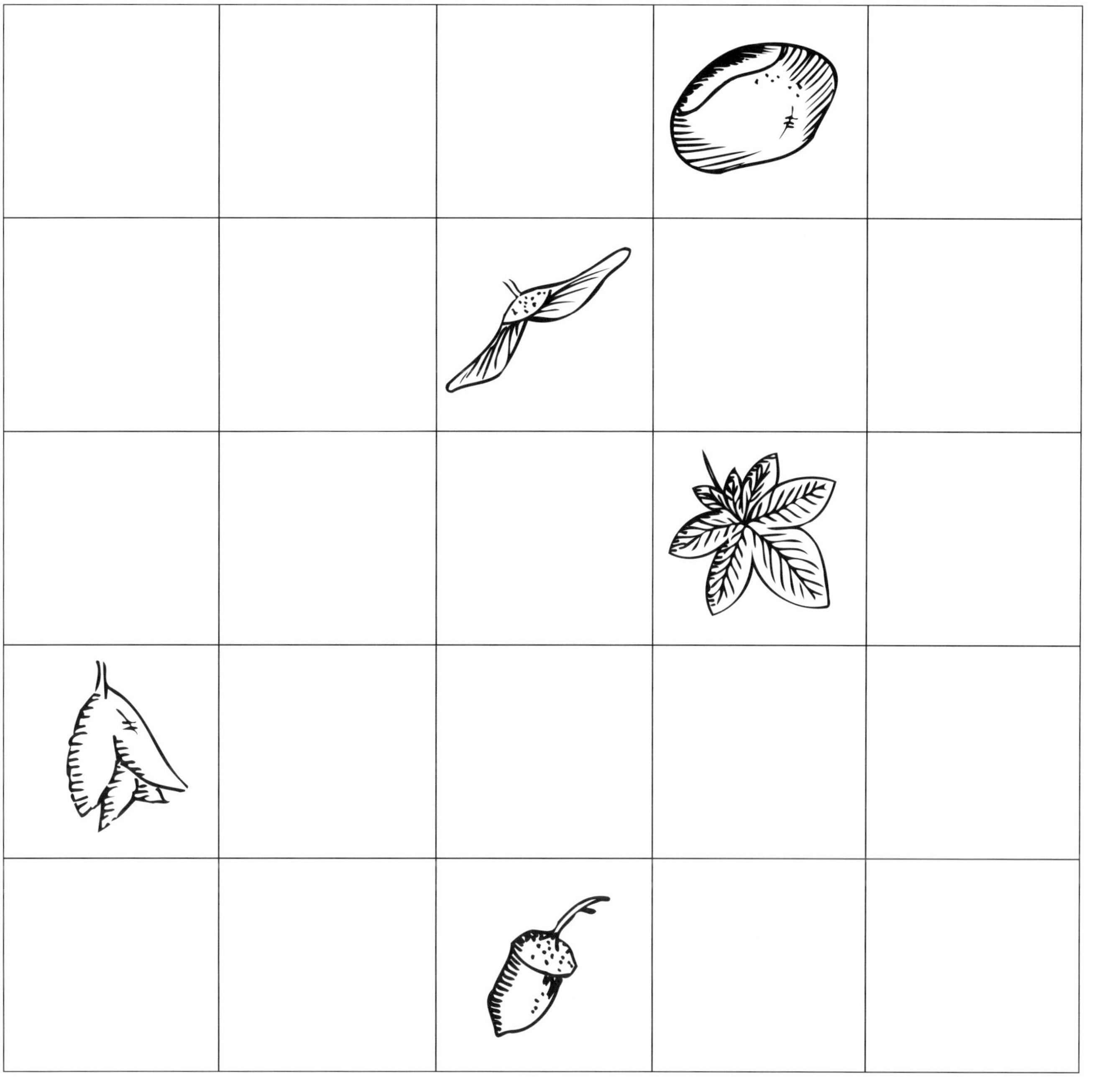

BVK LW33 • Bungardt / Hinrichs / Sanders / Torres: Lernwerkstatt „Zwergenalarm"

Herbstspiel / Spiel 2

BVK LW33 · Bungardt / Hinrichs / Sanders / Torres: Lernwerkstatt „Zwergenalarm"

Herbstspiel / Ausschneidebogen

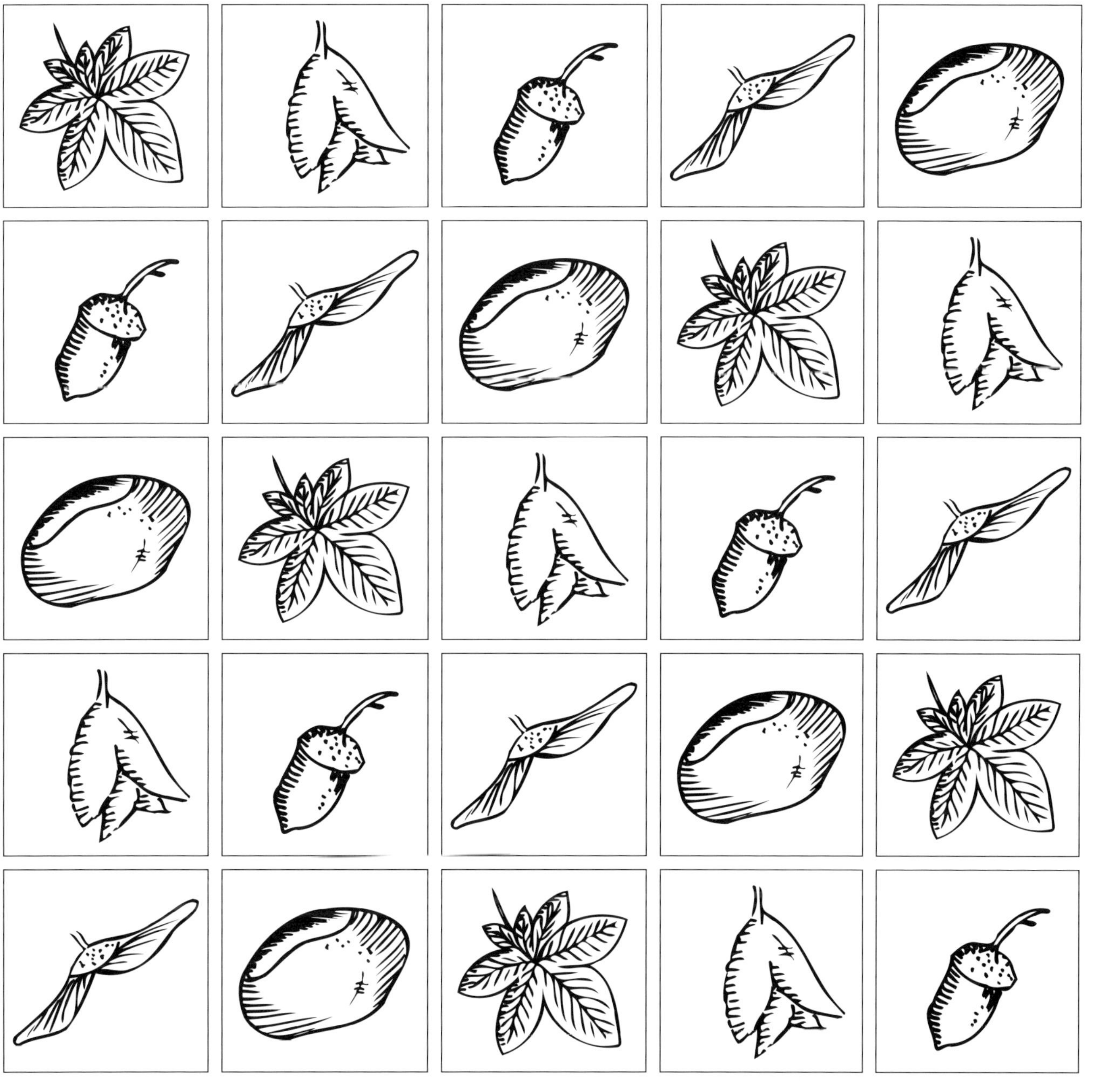

BVK LW33 • Bungardt / Hinrichs / Sanders / Torres: Lernwerkstatt „Zwergenalarm"

Wortkarten „Herbst“

(für Memory, Dosendiktat, Herbstdinge kneten ...)

Herbst	Drachen	Blatt
Baum	Wind	Regen
Kastanie	Eichel	Nuss
Nebel	Blätter	rot
braun	gelb	grün

BVK LW33 · Bungardt / Hinrichs / Sanders / Torres: Lernwerkstatt „Zwergenalarm“

Faltanleitung

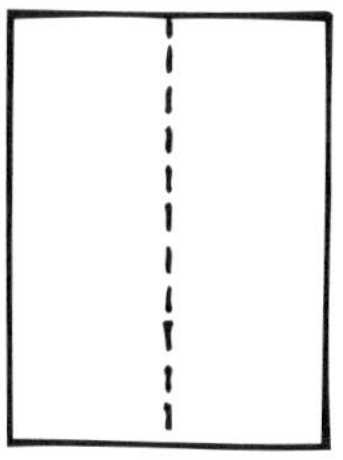

1. Halbiere das Blatt der Länge nach.

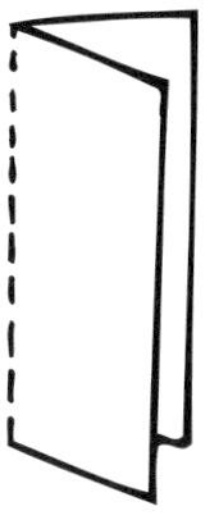

2. Klappe es wieder auf.

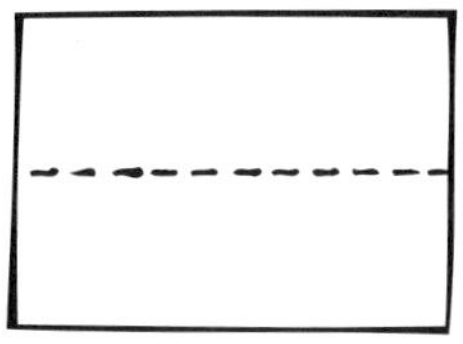

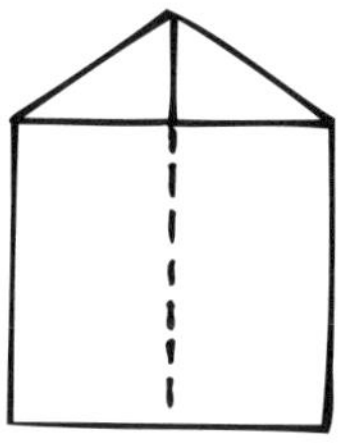

3. Falte die beiden oberen Ecken bis zur Mittellinie.

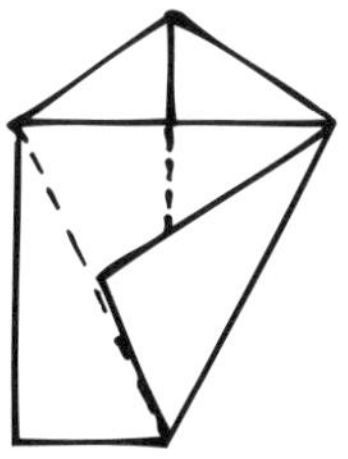

4. Falte die unteren Ecken nach innen.
   Achte auf die Zeichnung.
   Die Falten verbinden die Mittellinie und die beiden seitlichen Ecken.

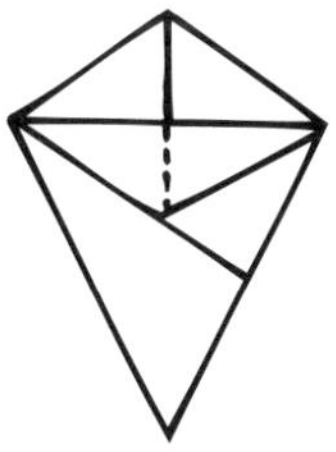

5. Nun kannst du die Ecken festkleben und deinen Drachen anmalen.
   Nimm einen Faden und knote die Vierecke aus Transparentpapier daran fest. So bekommt dein Drachen einen Schwanz mit Schleifen.

BVK LW33 • Bungardt / Hinrichs / Sanders / Torres: Lernwerkstatt „Zwergenalarm"

Mein Igelbuch

Der kleine Igel sucht seinen Namen

1

Der kleine Igel lebte in einem großen Blätterhaufen am Schwimmbad.
Eines Morgens wachte er auf. Er reckte und streckte sich und dachte: „Oh, wie schön, die Sonne scheint."
Langsam tippelte er los. Sein Magen knurrte und er beschloss, sich einen dicken Wurm zum Frühstück zu suchen.

2

Er lief auf die Wiese, die vom Tau feucht in der Sonne glitzerte. In einem Kastanienbaum saß eine Amsel.
Er hörte sie rufen: „Guten Morgen, Elli Elster!"
Eine Elster antwortete: „Guten Morgen, Anna Amsel!"
„Hmm ...", dachte der Igel. „Elli, Anna ..., wie heiße ich eigentlich?"

3

Er lief weiter und sah auf einem Grashalm einen Käfer sitzen. „Guten Morgen! Weißt du, wie ich heiße?", fragte er ihn. Doch der Käfer sagte gar nichts, schüttelte nur den Kopf und flog weg.

Mein Igelbuch

4

Ein paar Meter weiter schaute ein Wurm aus der Erde.
„He, Wurm, wie heißt du?"
Der Wurm wollte sich eigentlich unauffällig zurückziehen, doch er dachte sich: „Wer nach meinem Namen fragt, will mich kennenlernen und nicht fressen!"
Deshalb antwortete er: „Werner. Und du?"
Doch bevor der kleine Igel etwas erwidern konnte, kroch Werner schleunigst zurück in seine Röhre, denn Anna hüpfte auf ihrer Frühstückssuche vorbei.

5

An der Bushaltestelle saß ein Spatz und pickte an einer weggeworfenen Tüte herum.
„Kannst du mir einen Namen geben?", fragte der kleine Igel.
Aber der Spatz fing an zu lachen.
„Wie dumm du bist! Einen Namen hat doch wohl jeder!
Man bekommt ihn von seinen Eltern. Wie soll ich dir denn einen geben, ich habe doch selbst nur meinen: Silvio-Paul von Spatz!
Meine Güte, selbst Dinge haben einen Namen!"
Hochnäsig drehte er sich um und nestelte an seinem Gefieder.

Mein Igelbuch

6

Bedrückt trottete der kleine Igel zurück zum Spielplatz. Einige Kinder spielten im Sand. Auf der Wiese prügelten sich ein Junge und ein Mädchen.
„Mach das nicht noch mal, du doofe Brillenschlange!“, schrie der Junge und schubste das Mädchen ins Gras.
„Naja, doofe Brillenschlange möchte ich auf jeden Fall nicht heißen ...“, dachte der Igel, aber da hörte er eine Frau von der Parkbank rufen: „Lisa, lass Kai sofort los!“
„Lisa heißt sie also, das klingt schon besser.“

7

Da wurde der kleine Igel sehr traurig. Er fing an zu weinen.
Alle hatten einen Namen, nur er nicht.
Niemand konnte ihn rufen.
Niemand konnte etwas Nettes über ihn erzählen.
Niemand konnte sagen, dass er sein Freund ist.
Denn wenn sie sagten „der kleine Igel“ würde niemand wissen, welcher von den vielen kleinen Igeln auf der Welt gemeint war.
Wie sollte er bloß einen Namen bekommen?

8

Unter den Bäumen trifft er dich. Du hast gerade Kastanien und bunte Blätter zum Basteln gesammelt. Und weil du weißt, dass man kleinen Igeln keine Angst machen darf, fasst er Vertrauen zu dir. Er kommt näher, immer näher und fragt dich ganz leise:
„Kannst du mir bitte einen Namen geben?“

Mein Igelbuch (Kurzform)

1 Der kleine Igel sucht seinen Namen

Der kleine Igel lebte in einem großen Blätterhaufen am Schwimmbad. Eines Morgens wachte er auf. Er reckte und streckte sich und dachte: „Oh, wie schön, die Sonne scheint."

2 Langsam tippelte er los um sein Frühstück zu suchen. Er lief zum Parkplatz. Dort hörte er eine Amsel rufen: „Guten Morgen, Elli Elster!" Die Elster antwortete: „Guten Morgen, Anna Amsel!"

3 „Hmm ...", dachte der Igel. „Elli, Anna ..., wie heiße ich eigentlich?"
Er lief weiter und traf einen Käfer.
„Kannst du mir einen Namen geben?", fragte er ihn.
Doch der Käfer sagte gar nichts und flog weg.

4 An der Bushaltestelle sah er einen Spatz.
„Kannst du mir einen Namen geben?", fragte er ihn. Aber der Spatz fing an zu lachen.
Er sagte: „Wie dumm du bist! Einen Namen hat doch wohl jeder!"

5 Da wurde der Igel sehr traurig.
Er fing an zu weinen.
Wie sollte er bloß einen Namen bekommen?

6 Langsam trottete er zum Schulhof.
Die Kinder spielten und liefen herum.
Mitten auf dem Weg traf er dich.
Er fragte: „Kannst du mir bitte einen Namen geben?"

BVK LW33 · Bungardt / Hinrichs / Sanders / Torres: Lernwerkstatt „Zwergenalarm"